Theme　Great　Man

글쓴이 김증래
중앙대학교 문예창작학과를 졸업했으며, 《현대 시학》으로 등단하였습니다. 작품으로는 시집 《이상한 일이 요즘엔》, 유아생활동화 〈코돌이의 힘자랑〉, 〈무지개 나라〉, 〈그림자 친구〉 등이 있습니다.

그린이 신진아
프리랜스 일러스트레이터로 한국출판미술대전에서 은상을 받았습니다. 작품으로는 〈바리데기〉, 〈호동 왕자와 낙랑 공주〉, 〈톰 소여의 모험〉, 〈거짓말쟁이 양치기 소년〉, 〈이상한 나라의 앨리스〉 등이 있습니다.

펴낸이 김준석 **펴낸곳** 교연미디어 **편집 책임** 이영규 **리라이팅** 이주혜 **디자인** 이유나 **출판등록** 제2022-000080호 **발행일** 2023년 2월 15일
주소 서울시 관악구 법원단지 16길 18 B동 304호(신림동) **전화** 010-2002-1570 **팩스** 050-4079-1570 **이메일** gyoyeonmedia@naver.com

*이 책에 실린 글과 그림의 무단 복제 및 전재를 금합니다.

【바른 삶과 인성을 깨우친 위인들】

신사임당
-자녀 교육 이야기-

김증래 글 | 신진아 그림

대한민국

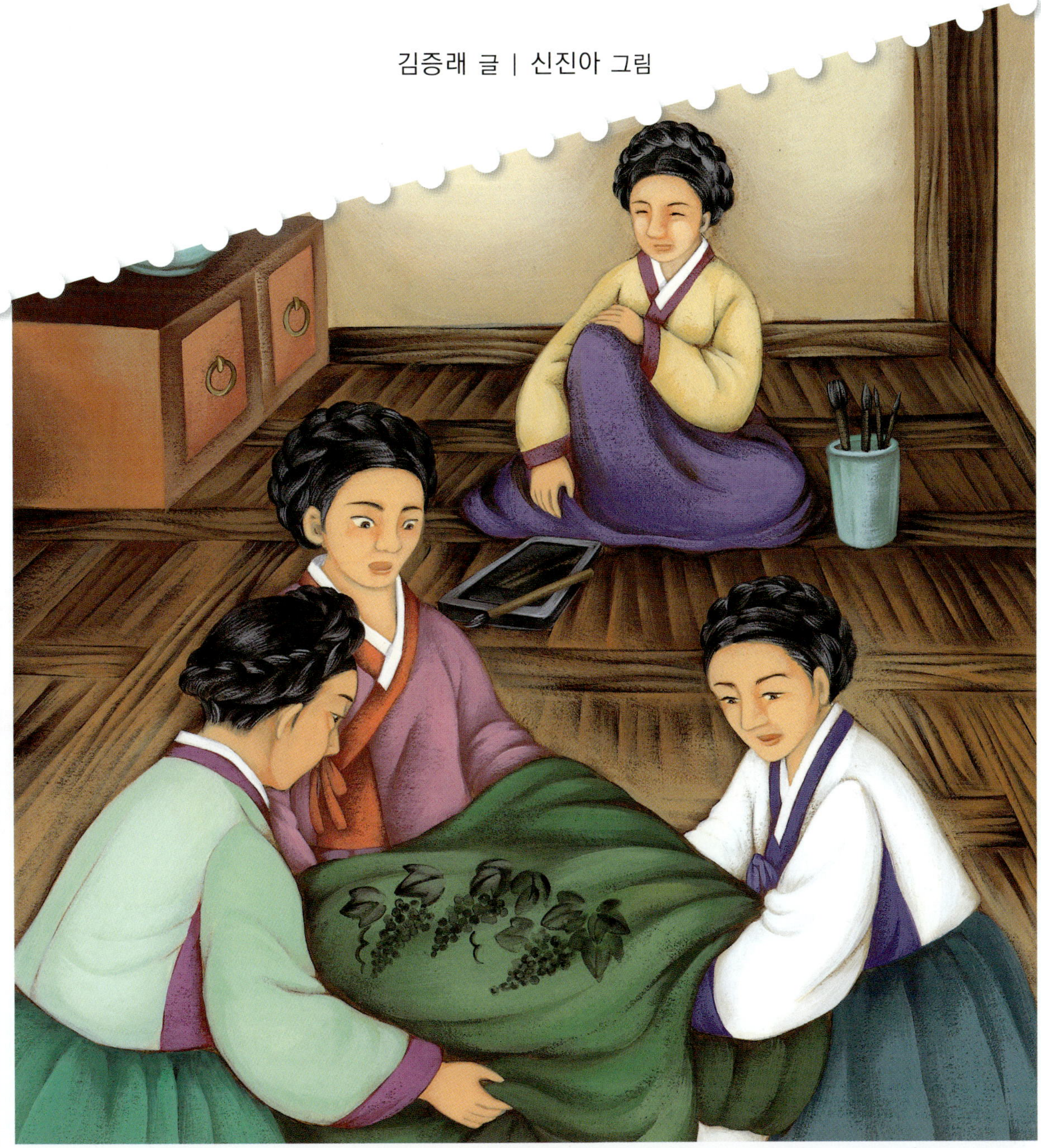

어느 화창한 봄날, *인선이의 집에 한바탕 난리가 났어요.
"으앙~ 난 몰라!"
인선이는 그림을 들고 엉엉 울고 있었고,
"훠이훠이, 이놈! 저리 가지 못해!"
머슴은 *싸리비를 휘두르며 닭을 쫓고 있었지요.
"꼬꼬댁, 꼬꼬!"
커다란 수탉은 푸드덕 날갯짓을 하며
마당 여기저기를 도망다녔어요.

*신사임당의 본명은 신인선이라고 알려져 있지만
 확실하지는 않다고 해요.
 사임당은 본명 외에 쓰이는 이름이랍니다.
*싸리비는 싸리나무로 만든 빗자루예요.

"인선아, 무슨 일이냐?"
놀란 아버지가 달려와 인선이에게 물었어요.
"아버지, 닭이 제 그림을 쪼아 못 쓰게 만들었어요."
인선이는 들고 있던 종이를 아버지에게 보여 주었어요.
수탉이 그림 속의 풀벌레를 진짜인줄 *착각하고
콕콕 쪼아 버린 거였어요.
"하하, 닭이 속아 넘어갈 정도라니. 정말 잘 그렸구나."
이 어린 소녀가 바로 율곡 이이의 *어진 어머니요,
뛰어난 예술가로 이름을 떨친 신사임당이랍니다.

*착각은 어떤 사물이나 사실을 실제와 다르게 잘못 느끼거나 아는 거예요.
*어질다는 너그럽고 덕행이 높다는 뜻이에요.

신사임당은 어려서부터 그림에 재능을 보였어요.
특히 산과 강, 포도, 풀, 벌레 등을 그린 그림은
따라올 사람이 없을 정도였지요.

신사임당은 조선 시대 최고의 화가 중
한 명으로 꼽히는 안견의 그림을 똑같이 그려
사람들을 놀라게 하기도 하였답니다.

신사임당은 시를 짓는 솜씨도 뛰어났어요.
당시 사람들은 여자들이 글을 배우는 것에 대해
중요하게 생각하지 않았어요.
하지만 신사임당의 아버지와 어머니의 생각은 달랐어요.
"여자라고 배움을 게을리해서는 안 된다."
신사임당은 이러한 부모님의 교육 속에서
훌륭한 사람으로 자랄 수 있었답니다.

어느덧 신사임당은 시집갈 나이가 되었어요.
신사임당의 남편이 된 이원수는
마음이 넓고 따뜻한 사람이었어요.
아내인 신사임당의 말에 귀를 기울였으며,
자상하게 *배려할 줄도 알았지요.
덕분에 신사임당은 결혼을 한 후에도
*친정인 강릉에서 지낼 수 있었답니다.

*배려는 여러 가지로 마음을 써서 보살피고 도와주는 거예요.

신사임당의 친정인 강릉 오죽헌
친정은 시집간 여자의 본래의 집이에요.

한편, 이원수는 공부에 집중하기 위해
깊은 산 속에 있는 절로 들어갔어요.
하지만 신사임당과 아이들의 모습이 자꾸 떠올랐지요.
"아, 가족들이 너무 보고 싶구나."
결국 이원수는 약속한 날짜를 어기고
신사임당을 찾아갔어요.
"서방님, 나라를 위해 큰일을 하시려면
더욱 열심히 공부하셔야 합니다. 어서 돌아가세요."
신사임당은 이원수를 따끔하게 나무랐어요.
하지만 이원수는 돌아갈 생각을 하지 않고 *우물쭈물하였어요.

*우물쭈물하다는 말이나 행동을 우물거리며 망설인다는 뜻이에요.

그러자 신사임당은 벌떡 일어나더니
가위를 가지고 왔어요.
"그렇다면 할 수 없군요.
저도 서방님을 따라 *비구니가 되어
절로 들어가겠습니다."
신사임당은 자신의 긴 머리카락을
싹둑 자르려고 했어요.
이원수는 깜짝 놀라 가위를 빼앗았지요.
"내가 잘못했소. 당신 뜻에 따르리다."
결국 이원수는 새롭게 결심하고
절로 돌아가 열심히 공부했답니다.

*비구니는 여자 승려예요.

신사임당은 효녀로도 유명해요.
친정인 강릉에서 지내던 신사임당은
아이들을 데리고 한양으로 가게 되었어요.
*대관령에 이른 신사임당은 어머니가 계신 곳을 바라보며
그리운 마음에 다음과 같은 시를 읊었답니다.

늙으신 어머님을 고향에 두고
외로이 서울길로 가는 이 마음
돌아보니 북촌은 아득도 한데
흰 구름만 저문 산을 날아 내리네.

대관령
대관령은 강원도 강릉시 성산면과 평창군 대관령면의 경계에 있는 고개예요.

이렇듯 아이들에겐 현명한 어머니요,
남편에겐 어진 부인이었던
신사임당은 예술에 대한 꿈도 놓지 않았어요.
어느 날 잔칫집에서 있었던 일이에요.
"에구머니나!"
음식을 나르던 *하녀가 넘어져 어떤 부인의
치마에 국을 쏟고 말았지 뭐예요.
"아이고, 이를 어쩌나……."
부인은 젖은 치마를 들고 울상이 되었어요.
그러자 신사임당은 붓을 가져오라고 하더니
치마에 그림을 그리기 시작했어요.
치마의 얼룩은 탐스러운 포도송이와
싱싱한 잎사귀로 변했답니다.

*하녀는 옛날, 남의 집에서 일을 하던 여자예요.

어느 날, 이원수는 일 때문에
평안도에 가게 되었어요.
첫째 아들 이선과 셋째 아들 이이도
함께 떠나가로 했지요.
"부인, 그럼 다녀오겠소."
"어머니, 그동안 몸 건강히 계십시오."
이원수와 아들들은 신사임당에게
인사를 건네고 길을 나섰어요.
그런데 얼마 후, 신사임당은 갑자기
병에 걸려 자리에 눕게 되었답니다.

신사임당의 병은 날이 갈수록 심해졌어요.
"어머니, 흑흑흑……."
부모에게는 효녀이자, 자식들에게는 *현모,

남편에게는 *양처였으며,
본인 스스로는 뛰어난 예술가였던
신사임당은 그렇게 세상을 떠나고 말았답니다.

*현모(賢母)는 성품이 인자하고 덕행이 높은 어머니예요.
*양처(良妻)는 어질고 착한 아내예요.

신사임당

따라잡기

1504년 강원도 강릉부 죽헌리 북평촌에서 태어났어요.

신사임당의 아버지는 딸들에게도 성리학과 글씨, 그림 그리는 법을 가르쳤어요.

신사임당은 어려서부터 기억력이 뛰어났고, 글도 일찍 깨우쳤어요.

자수와 바느질 솜씨도 뛰어났지요.

시와 그림에도 놀라운 재능을 보여, 일곱 살 때 화가 안견의 그림을 본떠 그리기도 했어요.

특히 산수화와 포도, 풀, 벌레 등을 잘 그렸답니다.

다양한 책을 많이 읽어 학문도 뛰어났어요.

1522년 이원수와 결혼하였으며, 어머니를 모시기 위해 친정인 강릉에서 지냈어요.

이원수와의 사이에서 5남 3녀를 두었어요.

그중 셋째 아들 율곡 이이는 조선의 유명한 성리학자가 되었어요.

1551년 이원수와 장남 이선, 그리고 셋째 아들 이이가 평안도로 떠났어요.

얼마 후, 신사임당은 눈물을 흘리면서 남편에게 편지를 써 보냈어요.

그러고는 가슴 통증을 호소하며 자리에 눕더니 세상을 떠났답니다.

신사임당 연관검색

조선 최고의 화가로 꼽히는 안견

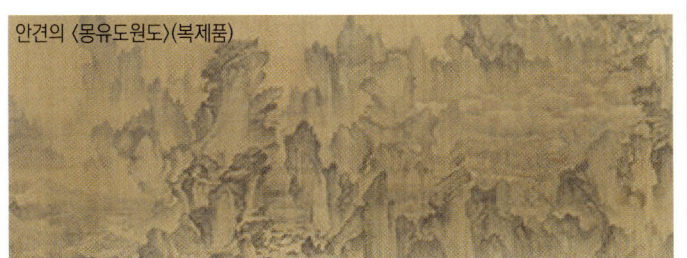

안견의 〈몽유도원도〉(복제품)

안견은 조선 전기에 활동했던 화가예요. 북송 때의 화풍을 기초로 하여 자신만의 개성 넘치는 작품 세계를 만들며 조선 시대 최고의 화가로 손꼽히게 되었지요. 안견은 산수화를 가장 잘 그렸다고 해요. 대표적인 작품으로 세종의 셋째 아들인 안평대군이 꾼 꿈을 바탕으로 그린 〈몽유도원도〉가 있답니다.

신사임당과 이이의 얼이 남아 있는 강릉 오죽헌

강원도 강릉에 있는 오죽헌의 전경

오죽헌은 신사임당과 그의 아들 율곡 이이가 태어난 곳이에요. 검은 대나무가 집 주변을 둘러싸고 있어서 '오죽헌(烏竹軒)'이라는 이름이 붙여졌다고 해요. 율곡 이이가 태어난 곳은 꿈에 용을 보았다고 하여 '몽룡실(夢龍室)'이라고 한답니다.

조선의 여류 작가들, 황진이와 이매창, 그리고 허난설헌

전북 부안에 있는 이매창의 묘

조선 시대 기생이었던 황진이는 시를 짓고 노래를 하는 등 뛰어난 예술적 능력을 보여 박연폭포·서경덕과 함께 '송도3절(松都三絶, 송도에서 유명한 세 가지)'이라 일컬어지고 있어요. 대표작으로 〈동짓달 기나긴 밤을〉, 〈청산은 내 뜻이오〉가 있답니다. 황진이와 함께 조선의 여류 시인이라 불리는 이매창도 기생이었어요. 《홍길동전》을 쓴 허균도 그녀의 재능을 칭찬했다고 해요. 대표적인 시로는 〈이화우(梨花雨) 흩날릴 제〉가 있으며, 《매창집》을 남겼답니다.

허난설헌은 조선의 시인이자 작가이며 화가였어요. 《홍길동전》의 작가 허균의 누이랍니다. 허균에 의해 《난설헌집》이 만들어졌어요.

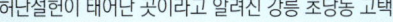
허난설헌이 태어난 곳이라고 알려진 강릉 초당동 고택

PHOTO ALBUM

오죽헌 몽룡실에 있는 신사임당의 영정

오죽헌의 자경문

강릉의 오죽헌

오죽헌의 검은 대나무

오죽헌의 배롱나무

신사임당

사진첩

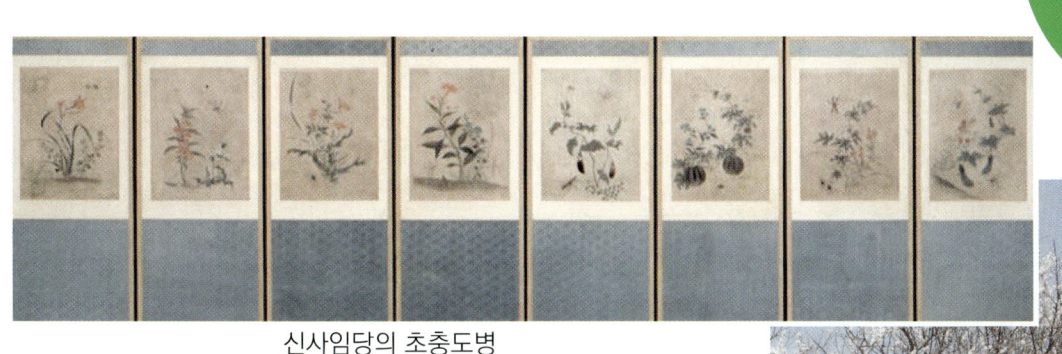
신사임당의 초충도병

신사임당의 초서 병풍

오죽헌의 매화나무, 율곡매

오죽헌에 있는 신사임당의 동상

경기도 파주에 있는 신사임당과 그의 남편 이원수의 묘